글쓴이 **김정윤**

영문학을 전공하고 대학에서 학생들을 가르쳤어요.
지금은 책이 좋아 책쟁이가 되어 어린이들과 부모님들을 위한 책을 만들고 있어요.
지은 책으로는 〈왜 우는 걸까요?〉, 〈손을 왜 씻어야 돼요?〉, 〈왜 기다려야 돼요?〉가 있어요.

그린이 **젤리이모**

계절이 변하는 산을 바라보며 새콤달콤한 그림을 그리고 있어요.
쓰고 그린 책으로는 〈무궁화꽃이 피었습니다!〉, 〈달빛 청소부〉 등이 있고,
그린 책으로는 〈위인들에게 배우는 어린이 인성 교육〉, 〈초등학생이 제대로 읽어야 할 교과서 전래동화〉,
〈바이러스에도 안전해요〉 등이 있어요.

우리 모두 함께 좋은 습관 5

초판 1쇄 발행 2023년 1월 17일 | **초판 2쇄 발행** 2024년 8월 7일

글쓴이 김정윤 | **그린이** 젤리이모 | **펴낸이** 김옥희 | **펴낸곳** 아주좋은날 | **출판등록** 제16-3393호
주소 서울시 강남구 테헤란로 201, 501호 | **전화** 02-557-2031 | **팩스** 02-557-2032
홈페이지 www.appletreetales.com | **블로그** http://blog.naver.com/appletales
페이스북 https://www.facebook.com/appletales | **트위터** https://twitter.com/appletales1
인스타그램 @appletreetales @애플트리태일즈

ISBN 979-11-92058-18-4 (74370) ISBN 979-11-87743-81-1 (세트)

글 ⓒ 김정윤, 2023
그림 ⓒ 젤리이모, 2023

이 책의 무단전재와 무단복제를 금지하며,
책 내용의 전부 또는 일부를 이용하려면 반드시 아주좋은날(애플트리태일즈)의 동의를 받아야 합니다.

잘못 만들어진 책은 구입한 곳에서 바꿔드립니다.
값은 뒤표지에 표시되어 있습니다.

아주 좋은 날 은 애플트리태일즈의 실용·아동 전문 브랜드입니다.

어린이제품 안전특별법에 의한 기타 표시사항

품명 : 도서 | **제조 연월** : 2024년 8월 | **제조자명** : 애플트리태일즈 | **제조국** : 대한민국 | **사용연령** : 7세 이상
주소 : 서울시 강남구 테헤란로 201, 5층(02-557-2031)

우리 모두 함께
좋은 습관 5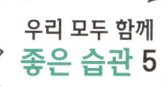

왜 양보해야 돼요?

글 김정윤
그림 젤리이모

아주 좋은 날

민종이는 화가 나서 씩씩거리며 현관 키를 누르고
문을 발로 크게 차며 들어갔어요.
엄마가 뛰어 나오시며,
"우리 민종이 왔어? 왜 이리 화가 났어?" 하고 물으셨어요.
"동욱이, 나빠! 오늘 체험 학습 시간에
현미경 들여다보기가 있었잖아.
근데, 내가 먼저 줄을 서 있었는데
갑자기 동욱이가 끼어들어
지수가 넘어지고
들여다보려 했던 물방울도 없어지고
현미경도 깨지고……."

민종이는 아직도 분이 안 풀리는지 침대 위에 가방을 내던졌어요.
"그랬구나. 근데 지수는 다치지 않았어?"
"지수는 괜찮은데, 선생님은 내가 민 줄 알고 나를 꾸중하시잖아.
너무 속상해서 그냥 눈물만 나오고, 점심도 안 먹었어.
억울해!"

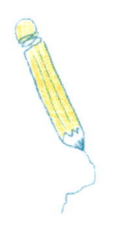

"속상했겠네.
민종이도 궁금해서 줄 서서 기다렸을 텐데…….
근데, 생각지 못했는데 넘어졌지?
생각하지 못하는데, 사고도 생기잖아.
그래서 우리는 질서를 지키고 양보해 주는 게 좋아.
조금 참고 기다리면 내 순서가 오는데…….
사실은 기다리고 있으면
내 차례가 더 빨리 오거든."

엄마는 지하철역 사고가 생각날 때마다
눈물을 글썽이셨어요.
몇 해 전 지하철역 계단을 내려가는데,
사람들이 밀려들고,
뒤에서 뛰어가던 사람이 미는 바람에
계단에서 여러 사람이 밀리고 굴러떨어져
응급차에 실려 간 적이 있었어요.

그날 응급실에 가니 지하철역 사고로 여러 사람들이 몰려
복도엔 병원 침대가 쭉 늘어서 있었어요.
병상도 없고 병실도 없어 보호자들이 발을 동동 구르고 있었는데,
먼저 온 다른 환자들이 양보해 주어
엄마는 빨리 치료받을 수 있었어요.

'그때 엄마에게 차례를 양보한 분들이 없었더라면 어떻게 됐을까?'
민종이는 곰곰이 생각해 보았어요.
'그럼 엄마가 큰 수술을 받아야 했을지도 몰라……'
생각만 해도 아찔하고 눈시울이 시큰해졌어요.
양보하는 마음이 얼마나 고마운 것인지도
저절로 느껴졌어요.

"민종아, 내일 학교에 가면 선생님께 죄송하다고 말씀드리고,
네가 민 건 아니었다고 하면 선생님도 이해하실 거야.
현미경이 깨졌으니 유리 조각도 있었을 텐데,
아무도 다치지 않아 다행이야."
엄마 말씀에 마음이 편안해진 민종이는
너무 배가 고파 엄마표 오므라이스를
게 눈 감추듯 먹었어요.

다음 날은 특별히 엄마가 학교까지 운전하여 데려다주셨어요.
가는 길에 갑자기 구급차 소리가 나니까
모든 차들이 길을 내주어
환자를 실은 구급차가 빨리 갈 수 있었어요.
"엄마, 엄마도 그때 저렇게 다급했겠지?
이렇게 길을 양보해 주니 정말 좋다, 그지?"

민종이는 차 뒷자리에 앉아 마음을 굳게 먹었어요.
여전히 어제 일만 생각하면 동욱이가 얄미웠지만,
양보하는 용감한 어른들을 생각하며,
'선생님과 지수에게 꼭 먼저 사과를 해야지.'
다짐했어요.

교실에 들어가니 선생님이 지수와 얘기를 나누고 계셨어요.

민종이가 머뭇거리며 선생님께 다가갔어요.

"선생님, 어제는 죄송했어요.

근데 제가 친구들을 민 건 아니었어요."

"그래, 지수에게 들었단다.

선생님은 너희들이 다쳤을까 봐 걱정했지.

이젠 모두 차례대로 보는 걸로 해 보자."라며,

선생님이 등을 토닥여 주시자 민종이는

괜히 눈시울이 뜨거워졌어요.

책상에 앉으며 지수에게
"괜찮아?" 하고 조용히 묻자,
지수가 손가락으로 동그라미를 만들며,
"오케이!" 했어요.
지수는 민종이가 언제 봐도 좋아하는 친구예요.

방과 후, 집으로 돌아오는 길이었어요.
신호등 앞에 서 있는데,
뒤에서 누군가 툭툭 민종이 어깨를 두드렸어요.
동욱이가 꾸물꾸물한 표정으로 다가왔어요.
"야, 최민종. 어제는 내가 미안했어. 빨리 보고 싶어서 그만……."
동욱이의 사과에 민종이 마음은 금세 녹았어요.

"알았어. 다음엔 가위바위보로 순서를 가리자.
물론 네가 지겠지만, ㅋㅋ."
민종이가 씨익 웃으며 대답했어요.
"나도 양보 못 할 때 많아.
좋아하는 음식이나 좋아하는 게 있으면,
참지 못하고 먼저 해 보려고 하거나
먼저 먹고 싶은 마음이 불끈 생기는 거 있지?"

"글쎄, 지난번에 냉면을 먹는데,
나는 냉면 위에 얹은 삶은 계란은
언제나 마지막으로 아껴 두었다가 먹거든.
그날도 제일 나중에 먹으려고 남겨 두었는데,
갑자기 울 동생 원종이가 달려들어
'형아, 왜 이거 안 먹어?' 하면서
날름 집어 먹는 거야.
기가 막혀서 때려 주고 싶은 걸 겨우 참았어."
"히히, 먹보 아니랄까 봐!
앗, 저기 너네 동생 원종이 온다, 또 봐!"
동욱이도 민종이를 따라 킥킥거리다가
아파트 쪽으로 뛰어갔어요.

동욱이와 헤어지고 나니 시원섭섭한데

장난꾸러기 원종이가 뛰어오며

"형아!" 하며 반갑게 매달렸어요.

민종이와는 두 살 차이인데,
엄마는 동생한테 맨날 양보하라고 하세요.
어떤 때는 그 말씀이 서운하지만,
원종이는 형아 말도 잘 듣고
공놀이나 게임도 함께해 주니
좋기도 해요.

집에 들어서자, 엄마가 반갑게 맞아 주시며 물어보셨어요.
"학교에서 괜찮았지?
우리 주위엔 위험한 일들이 알게 모르게 많거든.
그래서 순서를 기다리고 양보하는 질서가 필요한거야.
원종이도 지난번에 놀이터에서 미끄럼틀 새로 설치했다고
아이들이 한꺼번에 몰려드는 바람에 위험했잖아.
아래층 도담이는 무릎을 다치고……."

"엄마, 우리는 걱정 마세요!
 양보 잘하기로 소문났으니까요."
민종이의 너스레에 옆에 계시던 아빠가
"양보둥이 형제가 되겠구나!" 하시자,
모두가 환하게 웃었어요.

좋은 양보 습관 들이기

1. 화장실에서 급한 친구에게 순서를 양보하나요?

2. 점심시간에 배가 고파도 급식 순서를 잘 기다리나요?

3. 집에서 식사할 때 좋아하는 반찬이 남으면 가족에게 양보하나요?

4. 엘리베이터에 사람이 많을 때 다른 사람들에게 양보하나요?

5. 버스나 지하철을 탔을 때 아기가 타거나

    나이 드신 어르신이 타시면 자리를 양보하나요?

6. 놀이 공원에 가면 사람이 많아도 밀지 않고 순서를 기다리며 양보해 주나요?

7. 병원에 갔을 때 사람이 많으면

    나보다 어린 친구들에게 기다리는 좌석을 양보해 주나요?

위의 항목 중 다섯 개 이상 해 본 친구들은

이미 양보 대장이에요!

엄지 척!